BEI GRIN MACHT SICH IHR
WISSEN BEZAHLT

- Wir veröffentlichen Ihre Hausarbeit,
  Bachelor- und Masterarbeit

- Ihr eigenes eBook und Buch -
  weltweit in allen wichtigen Shops

- Verdienen Sie an jedem Verkauf

Jetzt bei www.GRIN.com hochladen
und kostenlos publizieren

Sexuelle Selbstbestimmung von Menschen mit Behinderung

Wie lassen sich Hindernisse der sexuellen Selbstbestimmung von Menschen mit Behinderung anhand des medizinischen und sozialen Modells von Behinderung darstellen?

Elisa Draheim

Bibliografische Information der Deutschen Nationalbibliothek:

Die Deutsche Nationalbibliothek verzeichnet diese Publikation in der Deutschen Nationalbibliografie; detaillierte bibliografische Daten sind im Internet über http://dnb.d-nb.de abrufbar.

ISBN: 9783346578082
Dieses Buch ist auch als E-Book erhältlich.

Goethe-Universität Frankfurt/Main

Fachbereich 03 Gesellschaftswissenschaften

Veranstaltung: Benachteiligen, ausgrenzen, herabwürdigen – Bausteine einer Soziologie der Diskriminierung

Sommersemester 2021

Sexuelle Selbstbestimmung von Menschen mit Behinderung

Wie lassen sich Hindernisse der sexuellen Selbstbestimmung von Menschen mit Behinderung anhand des medizinischen-und sozialen Modells von Behinderung darstellen?

Verfasser: Elisa Draheim

Studiengang: HF Soziologie, NF Philosophie

Fachsemester: 6

Inhaltsverzeichnis

1. Einleitung

Wenn es um das Thema Sexualität bei Menschen mit Behinderung geht schalten viele Menschen direkt ab. Es handelt sich um ein noch tabuisiertes Thema, über das viele Menschen nicht sprechen möchten. Unter anderem hört man auch einige Vorurteile, Menschen mit Behinderung hätten keine Sexualität oder auch das Gegenteil, Menschen mit Behinderung könnten ihre Lust nicht zügeln. Wie kann erklärt werden, dass das Thema Sexualität bei Menschen mit Behinderung nach wie vor von Scham und Vorurteilen geprägt ist.

Selbstbestimmung und Partizipation m Alltag stellen eine Voraussetzung für die Entwicklung sexueller Selbstbestimmung dar (Jeschke, Thomas, 2006, S.38). Selbstbestimmung ist das Grundrecht eines jeden Menschen, ab einem gewissen Alter steht es einer Person zu, Kontrolle über das eigene Leben zu erlangen und eigene Entscheidungen zu treffen. Menschen mit Behinderung bleibt dieses Grundrecht oftmals verwehrt. Sexualität gehört zu den Menschenrechten, jeder Mensch hat das Recht, seine Sexualität nach eigenen Vorstellungen auszuleben. Jedoch ist es Menschen mit Behinderung oftmals nicht möglich ihre eigene Sexualität selbstbestimmt zu leben. Ob es an Regeln in Wohnheimen liegt, welche Besuch verbieten oder reglementieren, Intimsphäre Verletzungen, Fremdbestimmung durch Betreuer*innen, Vorurteilen oder auch vorenthaltender Informationen über sexuelle Aufklärung.

In dieser Arbeit wird behandelt, inwiefern sich der medizinische Blickwinkel auf Behinderung und das soziale Modell von Behinderung auf die sexuelle Selbstbestimmung von Menschen mit Behinderung anwenden lässt und sich somit veranschaulichen lässt, inwiefern sexuelle Selbstbestimmung erschwert wird.

Die wissenschaftliche und gesellschaftliche Relevanz meiner Arbeit liegt darin, dass Behinderung ein Thema ist, welches oftmals in unserer Gesellschaft verdrängt wird. Menschen mit Behinderung sind eine Randgruppe der modernen Gesellschaft, auch wenn es schon deutliche Verbesserungen und Änderungen gab, leidet diese Gruppe nach wie vor unter Diskriminierung und Ausgrenzung. Die sexuelle Selbstbestimmung eines Menschen zählt zu den Menschrechten, jedoch ist sie bei Menschen mit Behinderung nicht oder kaum thematisiert und noch nicht umgesetzt. Eine Behinderung kann jeden Menschen treffen, beispielsweise im Alter oder durch einen Unfall, daher sollte

Behinderung und alles was dazu gehört ein Thema des wissenschaftlichen und öffentlichen Diskurses werden.

1.1. Methode

Um meine Forschungsfrage „Wie lassen sich Hindernisse der sexuellen Selbstbestimmung von Menschen mit Behinderung anhand des medizinischen-und sozialen Modells von Behinderung darstellen?" zu untersuchen, ist die gewählte Methode meiner Hausarbeit die Literaturanalyse auf Basis der Bücher und Wissenschaftlichen Artikeln: Jens Clausen; Frank Herrath (2013) „Sexualität leben ohne Behinderung"; Fegert, Jörg M (Hrsg.) (2006), „Sexuelle Selbstbestimmung und sexuelle Gewalt: ein Modellprojekt in Wohneinrichtungen für junge Menschen mit geistiger Behinderung"; Christoph Egen (2020), „Was ist Behinderung?"; sowie dem Band, herausgegeben von: Albert Scherr, Aladin El-Mafaalani, Emine Gökcen Yüksel (Hrsg.) (2017) „Handbuch Diskriminierung".

Um das Thema aus unterschiedlichen Blickwinkeln zu betrachten, helfen mir das soziologische- und medizinische Modell der Behinderung.

Die Hauptakteure meiner Hausarbeit sind Menschen mit Behinderung, welche unter Stigmatisierung und Diskriminierung leiden, sowie Menschen ohne Behinderung welche als Norm betrachtet werden, sowie die Gesellschaft im Allgemeinen.

1.2. Theoretischer Rahmen

Zunächst wird es einen Überblick über das medizinische- sowie das soziale Modell von Behinderung gegeben. Im dritten Kapitel wird auf die sexuelle Selbstbestimmung von Menschen mit Behinderung eingegangen. Darauf aufbauend wird im vierten Kapitel gezeigt, aus welchem Blickwinkel das soziale sowie das medizinische Modell die Einschränkung sexueller Selbstbestimmung von Menschen mit Behinderung beurteilen.

2. Modelle von Behinderung

Eine allgemeingültige Definition oder eine Theorie von Behinderung gibt es nicht, ich werde mich auf zwei Modelle von Behinderung beziehen, um das Thema zu diskutieren. In dieser Arbeit wird Behinderung unter der Definition der UN-Behindertenrechtskonvention verstanden.

„Zu den Menschen mit Behinderungen zählen Menschen, die langfristige körperliche, seelische, geistige oder Sinnesbeeinträchtigungen haben, welche sie in Wechselwirkung mit verschiedenen Barrieren an der vollen, wirksamen und gleichberechtigten Teilhabe an der Gesellschaft hindern können." (UN-BRK, Artikel 1, Zweck).

In Deutschland leben 7,9 Millionen Menschen mit einer Schwerbehinderung, dies entspricht 9,5 % der Menschen der gesamten Bevölkerung hierzulande. 50,4 % davon sind dem männlichen Geschlecht zuzuordnen, 49,6 % dem weiblichen. 34 % der Menschen mit schwerer Behinderung sind über 75 Jahre alt, 44 % sind zwischen 55 und 74 Jahren und nur 2 % sind unter 18 Jahre alt. Die meisten Behinderungen (89%) traten aufgrund einer Krankheit auf, nur 3 % waren angeboren. Davon waren 13 % der Menschen mit einer geistigen oder seelischen Behinderung, 58 %waren Menschen mit einer körperlichen Behinderung. (Statistisches Bundesamt, 2020).

Schwerbehindert sind jene Personen, die einen Grad der Behinderung von mindestens 50 % von den Versorgungsämtern anerkannt und darüber hinaus einen Schwerbehindertenausweis besitzen. Durch die Ermittlung des Schweregrades einer Behinderung werden Unterscheidungen innerhalb verschiedener Beeinträchtigungen vorgenommen. Julia Zinsmeister beleuchtet die Tatsache, dass eine binäre Aufteilung von Menschen in Normal und nicht normal, also abweichend, in unserer Gesellschaft vorliegt (2017, S.594).

Dieses Binäre Menschenbild lässt Menschen mit Behinderung als nicht normal und abweichend erscheinen. Menschen ohne Behinderung sind laut dieser Aufteilung als Normal anzusehen (Zinsmeister,2017, S.594).

Vor dem Hintergrund der Aussage von Julia Zinsmeister bin ich ebenfalls der Ansicht, dass Menschen mit Behinderung als Gegensatz zu Menschen ohne Behinderung gewertet werden, dies lässt sich alleine daran beobachten, dass der Schweregrad einer Behinderung daran gemessen wird, inwiefern die „normalen" Fähigkeiten eines Menschen ohne Behinderung nicht von einem Menschen mit Behinderung erfüllt werden können.

2.1. Das medizinische Modell von Behinderung

Das medizinische (oder auch individuelle) Modell von Behinderung ist die älteste Sichtweise auf das Thema Behinderung. Jedoch handelt es sich hier um kein ausformuliertes Konzept, lediglich eine Sichtweise. Vom 18. Jahrhundert bis in die 1970er Jahre ist das medizinische Modell dominierend. Dieses erklärt Behinderung als direktes Resultat einer Krankheit oder einer körperlichen oder geistigen Verletzung (Egen, 2020, S. 23). In diesem Modell wird Behinderung als ein Defizit, oder auch als eine Krankheit wahrgenommen, welche behandelt werden müssen, um möglichst „normal" zu werden.

„Im Wesentlichen handelt es sich um einen Ansatz, der Behinderung mit dem klinisch relevanten, medizinisch, psychologisch oder pädagogisch diagnostizierbaren Beeinträchtigungen des Individuums gleichsetzt: Die betroffene Person wird nicht behindert, vielmehr ist sie behindert." (Waldschmidt, 2020, S. 60).

Waldschmidt führt die Definition des Behinderungsbegriffs der Weltgesundheitsorganisation im Jahre 1980 als Ausdruck des medizinischen/individuellen Modells der Behinderung zurück, „demzufolge eine Behinderung ursächlich aus einer Schädigung resultiert" (2020, S. 59).

Ziel dieser Behindertenpolitik ist die Rehabilitation, die Wiedereingliederung von Menschen mit Behinderung in die Gesellschaft. Gesellschaftliche Strukturen, welche Barrieren für Menschen mit Behinderung schaffen blieben unhinterfragt. Hier lässt sich wieder beobachten, dass der nichtbehinderte Mensch als normal angesehen wird, aus der Sichtweise des Medizinischen Modells wird der Mensch mit Behinderung als abnormal betrachtet und stigmatisiert. Eine Stigmatisierung liegt vor, da durch die medizinische Perspektive, nur das Merkmal „Behinderung" als Wesensmerkmal betrachtet wird und alle anderen Eigenschaften des Menschen verblassen und er anhand des Stigmas charakterisiert wird. „In anderen Worten: Mit Behinderung zu leben gilt üblicherweise als schicksalhafte Belastung, die man tunlichst vermeiden möchte." (Waldschmidt, 2014, S. 187).

Aus der Sicht des medizinischen Modells sind Menschen mit Behinderung in so gut wie allen Lebensbereichen von Menschen abhängig, welche keine Behinderung haben. Das führt dazu, dass Menschen mit Behinderung Schwierigkeiten haben, ein selbstbestimmtes Leben zu führen. Trotz vieler Fortschritte ist die medizinische Sichtweise auf Behinderung noch aktuell, dies lässt sich in vielen Institutionen, Versorgungs- und Unterstützungssystemen und vor allem in Sondereinrichtungen beobachten.

Kritik an diesem Modell wird von vielen Autoren und Autorinnen geäußert, da das Modell „die Differenzkategorie Behinderung einseitig von der einzelnen Person aus denkt und die gesellschaftlichen Bedingungen des Behindertwerdens weitgehend ausblendet" (Waldschmidt, 2020, S. 59). Die behindernden Strukturen und sozialen Prozesse in der Gesellschaft werden nicht beachtet. Mit behindernden Strukturen sind beispielsweise fehlende barrierefreie Zugänge zu Gebäuden, Vorurteile gegenüber Menschen mit Behinderung, fehlende Dolmetscher für Gebärdensprache, kein Zugang zu Bildung aber auch die Politik, welche einen Menschen behindern, gemeint.

Laut Zinsmeister ist das medizinische Modell auch dafür verantwortlich, dass Personen mit Behinderung nicht mehr als gleichberechtigte Menschen behandelt wurden und in ein System von Sondereinrichtungen ausgegrenzt wurden und werden (2017, S. 601). Ihnen wurden laut Zinsmeister die gleichen Rechte bis hin zum Lebensrecht abgesprochen. Mit dem medizinischen Blick auf Behinderung wird Behinderung mit Abnormalität gleichgesetzt, Normalität wird in diesem Blickwinkel als einseitiger Begriff verwendet, alles was davon abweicht ist nicht mehr als normal anzusehen. Natürlich angesehene Konsequenzen dafür sind unter anderem: schlechtere Bildungschancen, schlechtere Chancen auf dem Arbeitsmarkt und eine reduzierte Mobilität (Köbsell, 2010, S. 18).

Zudem ist die aus dieser Sichtweise angestrebte Rehabilitation oder gar Heilung einer Behinderung meist nicht möglich (Egen, 2020, S. 24).

Mit der Selbstbestimmt-Leben-Bewegung wurde zu Beginn des 21. Jahrhunderts ein behindertenpolitischer Paradigmenwechsel eingeleitet, „weg von der entmündigenden Fürsorge hin zur Anerkennung von Menschen mit Beeinträchtigungen als gleichberechtigte Bürger*innen" (Zinsmeister, 2007, S. 595). Dies zeigt, dass man den Fokus nicht nur auf individuelle Beeinträchtigungen legen sollte, sondern auch auf gesellschaftliche Faktoren, welche Barrieren für Menschen mit Behinderung schaffen und sie somit ausgrenzen.

2.2. Das Soziale Modell von Behinderung

Die Kritik des medizinischen oder auch individuellen Modells der Behinderung führte zu dem sozialen Modell der Behinderung, welches nun erläutert wird. Im Gegensatz zum medizinischen Modell ist das soziale Modell auf das Jahr 1975 zurückzuführen. Die britische Behindertenbewegung, „Union of the Physically Impaired Against Segregation" (UPIAS), formulierten in einem Positionspapier, dass Behinderung eine Situation ist, welche aufgrund von Sozialen Gegebenheiten auftritt.

„In our view, it is society which disables physically impaired people. Disability is something imposed on top of our impairments, by the way we are unnecessarily isolated and excluded from full participation in society" (UPIAS, 1975).

Auf Grundlage dieses Gedankens wurde das soziale Modell von Behinderung von Vic Finkelstein, Paul Hunt, Michael Oliver, Colin Barnes und anderen entwickelt. Die Hauptthese des Modells ist, dass Behinderung keine Folge eines geistigen oder körperlichen Schadens ist, sondern durch das soziale System einer Gesellschaft verursacht wird. Das soziale Modell setzt einen Unterscheid zwischen „Impairment" und „disabilty", also zwischen Beeinträchtigung aufgrund von klinischen Auffälligkeiten oder Einschränkungen einer Person-und Behinderung, welche das Produkt sozialer Organisation ist (Waldschmidt, 2020, S. 65). Die Beeinträchtigung oder Schädigung spielt im sozialen Modell eine geringe Rolle. Anders als beim medizinischen Modell wird die Behinderung nicht als natürliche Folge einer Beeinträchtigung gesehen, die Behinderung einer beeinträchtigten Person ist die Konsequenz der Gesellschaft. Gefordert wird, dass sich die gesellschaftlichen Strukturen ändern müssen, damit Menschen mit Behinderung an der Gesellschaft teilhaben können.

Die Selbstbestimmt-Leben-Bewegung ist eine Bewegung, welche sich ab 1970 gegen Aussonderung und Entmündigung von Menschen mit Behinderung stellt (Zinsmeister, 2017, S. 598). Die Selbstbestimmt-Leben-Bewegung vertritt die Hauptthese des sozialen Modells, Behinderung ist als Status der Ausgrenzung durch Barrierereiche und stigmatisierende Umwelt zu verstehen. „Wir sind nicht, sondern wir werden behindert!" (Aktion grundgesetz e.V. 1997). Daraus lässt sich schließen, dass Behinderung aus dem Blickwinkel des Sozialen Modells durch die Gesellschaft verursacht wurde. Außerdem schafft das soziale Modell einen klaren Kontrast zu dem medizinischen Modell.

Kritik an dem sozialen Modell könnte man daran äußern, dass das soziale Modell die Beeinträchtigung (Impairment) komplett ausblendet und gar nicht für Behinderung verantwortlich macht. Eine blinde Person kann beispielsweise keine Kunstkritikerin werden, da ihre Funktionseinschränkung sie darin behindert und nicht die Gesellschaft. Christoph Egen fügt ebenso dazu, dass es auch natürliche Barrieren in der Natur gibt, welche nicht beeinflussbar sind. Beispielsweise einen Wald, dort stehe der oder die Rollstuhlfahrer*in vor natürlichen Barrieren. Die Ansicht von Eger, dass es sowohl gesellschaftliche, persönliche, aber auch natürliche Barrieren gibt ist sehr einleuchtend (Eger, 2020, S. 31).

„Die Schädigung zu ignorieren, Behinderung vollständig in den Bereich der Gesellschaft zu verorten und die Ansicht zu vertreten, mit Beseitigung aller Barrieren wäre automatisch eine volle gesellschaftliche Teilhabe möglich, ignoriert die häufige gemeinsame „Schnittmenge" von „Behinderung" und „Krankheit"" (Egert, 2020, S. 31).

3. Sexuelle Selbstbestimmung von Menschen mit Behinderung

Selbstbestimmung wird als „Möglichkeit und Fähigkeit eines Menschen verstanden, aus freiem Willen heraus d. h. ohne Zwang Entscheidungen zu treffen und sein Leben zu gestalten" (Zinsmeister, 2013, S. 53).

Das Recht auf sexuelle Selbstbestimmung ist ein Menschenrecht, welches Menschen mit Behinderung zusteht. Es handelt sich um einen Menschenrechtsverstoß, Menschen mit Behinderung dieses Recht zu verwehren. „Menschen mit Behinderung haben kein sexuelles Interesse und brauchen sexuelle Aktivität auch nicht", „Rammeln für die Stammelnden" (Thomas, Kretschmann, Lehmkuhl, 2006, S. 200). Vorurteile wie diese, spiegeln große Probleme in der gesellschaftlichen Wahrnehmung von der Sexualität von Menschen mit Behinderung wider. Solche Vorurteile können einen Einfluss auf die Entwicklung der Sexualität von Menschen mit Behinderung haben (Thomas, Kretschmann, Lehmkuhl, 2006, S. 85).

„Sexuelle Rechte sind universale Menschenrechte auf der Grundlage von Freiheit, Würde und Gleichheit aller Menschen. So wie der Anspruch auf Erhalt und

Wiederherstellung der Gesundheit ein menschliches Grundrecht ist, so gilt dies auch für die sexuelle Gesundheit." (1999, World Association for Sexual Health).

Das Recht auf sexuelle Selbstbestimmung sichert einer Person die Freiheit, die eigene Sexualität nach individuellen Vorstellungen und Wünschen zu gestalten, dieses Recht endet dort, wo auf Kosten anderer Selbstbestimmung gelebt werden soll (Zinsmeister, 2013, S. 48). Julia Zinsmeister führt drei Funktionen des Rechts auf sexuelle Selbstbestimmung auf, zum einen, die sexuelle Selbstbestimmung als Abwehrrecht, welches vor Fremdbestimmung schützen soll, hier ginge es vor allem darum die Intimsphäre zu schützen. Zum anderem als Funktion von Schutz-, Teilhabe- und Leistungsrechten, es soll also ein gewisser Schutz gestellt werden. Zuletzt führt sie auf, dass zum Recht der sexuellen Selbstbestimmung der Abbau vorhandener Barrieren und auch eine gesellschaftliche Solidarität gehört (Zinsmeister, 2013, S. 50).

Menschen mit Behinderung befinden sich in einem Spannungsfeld zwischen den eigenen sexuellen Bedürfnissen, dem Heimalltag sowie der Tabuisierung der Sexualität in der Gesellschaft (Thomas, Kretschmann, Lehmkuhl, 2006, S. 200).

Der Alltag von Menschen mit Behinderung ist oftmals von Fremdbestimmung und Menschenrechtsverletzungen geprägt. Sexuelle Selbstbestimmung setzt laut Zinsmeister Autonomie im Alltag voraus (2013, S. 51). Durch die Fremdbestimmung des Lebens von Menschen mit Behinderung durch Betreuer*innen oder auch Verwandte ist diese oftmals nicht gegeben. Fremdbestimmung wird durch Julia Zinsmeister als einen Vorgang der Willensbeugung beschrieben, dies geschieht beispielsweise indem man einen Menschen manipuliert oder ihm Informationen verwehrt (2013, S. 51). Selbstbestimmung ist erst dann möglich, wenn eine Person Zugang zu Informationen hat, wenn sie verschiedene Entscheidungsoptionen hat und wenn die Gelegenheit zu einer Entscheidung besteht (Zinsmeister, 2013, S. 53).

Nicht alle Menschen mit Behinderung sind dazu in der Lage, selbstbestimmte Entscheidungen zu treffen, daher haben sie eine Person, welche das in ihrem Sinne tun soll, durch das Recht auf Selbstbestimmung haben sie jedoch den Anspruch darauf, in ihren „Möglichkeiten und Fähigkeiten zur Selbstbestimmung gefördert zu werden" (Zinsmeister, 2013, S. 52).

4. Anwendung der Modelle auf das Thema: Sexuelle Selbstbestimmung

4.1. Medizinisches Modell:

Aus dem Blickwinkel des medizinisches Modells ist ein Behinderter Mensch ein geschädigter Mensch, welcher aufgrund seiner Behinderung nicht vollständig an der Gesellschaft teilhaben kann. Der Mensch mit Behinderung ist aus diesem Blickwinkel ein abnormaler Mensch. Wendet man diesen Blickwinkel auf die Idealvorstellung eines sexuell anziehenden Körpers an, ist in dieser Vorstellung kein Mensch mit Behinderung zu sehen. Die Idealvorstellung eines sexuell anziehenden Körpers ist überall zu sehen, in der Werbung, in Zeitschriften, in den sozialen Medien und natürlich in Pornofilmen. Am weitesten entfernt von diesem Idealtypus Mensch, sind Menschen mit Behinderung.

Durch dieses ideale Bild eines attraktiven Körpers, welches auch Menschen mit Behinderung vermittelt wird, lässt sich vermuten, dass sich betroffene Menschen nicht als Objekt sexueller Begierde wahrnehmen können. Auch Jens Clausen Frank Herrath schreibt, dass „der behinderte Körper nicht passe zum Konstrukt gelingender Sexualität in Glätte, Unversehrtheit, Kraft, Schönheit und eigentlich Entkörperung" (Clausen, 2013, S.33). Durch das Fokussieren auf die Schädigungen und Defizite des Körpers wird ein positives Verhältnis zum eigenen Körper erschwert, welches grundlegend für die Entwicklung der eigenen Sexualität ist (Thomas, Kretschmann, Lehmkuhl, 2006, S. 85).

Die eben aufgeführten Argumente stützen die These, dass durch den medizinischen Blickwinkel auf Behinderung die sexuelle Selbstbestimmung einer Person mit Behinderung eingeschränkt werden kann. Dies liegt daran, dass die Selbstwahrnehmung als eine abnormale, unattraktive Person durch das Idealbild einer attraktiven Person ohne Behinderung verstärkt wird. So äußert sich auch Thomas, ein Mensch mit Behinderung, in einem Gespräch: „Ich bezeichne mich nicht als behindert, aber man stempelt mich dazu ab als ob ich behindert wäre. Ich fühl mich dann natürlich auch so" (Herrath, 2013, S. 20).

Daraus lässt sich schließen, dass das medizinische Modell eine Selbstwahrnehmung als abnormale, nicht der Vorstellung entsprechenden Person bei Menschen mit Behinderung gefördert hat und auch fördern kann und somit zu sexueller Unlust führen kann.

Aus der Sicht des medizinischen Modells könnte man hier hinzufügen, dass Menschen mit Behinderung aufgrund jener Schädigung des Körpers in ihrer sexuellen

Selbstbestimmung behindert werden. Eine Körperbehinderung behindert beispielsweise sexuelle Praktiken, eine seelische Behinderung behindert beispielsweise bestimmte Gefühle und Empfindungen, eine geistige Behinderung hingegen behindert Gedanken und Vorstellungen.

Zu Zeiten, als das medizinische Modell dominierend war, galten Menschen mit Behinderung laut Swantje Köbsell als geschlechtslos (Köbsell, 2013, S. 125). Frau Köbsell schreibt, dass in den 1970er Jahren zwar über die Sexualität von Menschen mit Behinderung diskutiert wurde, aber nicht mit Ihnen. Es wurde darüber geurteilt, ob Menschen mit Behinderung überhaupt dazu fähig waren, in einer Beziehung zu leben oder Sexualität zu praktizieren (2013, S. 125). Man musste also beweisen, dass Menschen mit Behinderung in Stande einer Sexualität waren (Köbsell, 2013, S. 126). Noch immer sind Konsequenzen dieser Denkweise in der Gesellschaft zu beobachten. Bei vielen Menschen haben sich Vorurteile und Vorstellungen entwickelt, Menschen mit Behinderung haben keine Sexualität, sie seien große Kinder und für immer an ihre Eltern gebunden (Köbsell, 2013, S. 127). Folgen solcher Vorurteile könnten zu einer Unterdrückung und Ignoranz sexueller Bedürfnisse bei Menschen mit Behinderung führen (Thomas, Kretschmann, Lehmkuhl, 2006, S. 85), was wiederum dazu führen könnte, dass das Formulieren eigener Bedürfnisse nicht erlernt wird, weiterhin kann dies die sexuelle Selbstbestimmung erschweren.

4.2. Soziales Modell:

Wendet man den Blickwinkel des sozialen Modells, auf das Thema der sexuellen Selbstbestimmung von Menschen mit Behinderung an, so scheinen die strukturellen Barrieren ihrer Umwelt dazu beizutragen, dass die sexuelle Selbstbestimmung erschwert wird. Zum einen können die Bedingungen in Wohnheimen dazu beitragen, dass die Bewohner*innen ihre Sexualität nicht ungestört ausleben können. Menschen mit Behinderung leben in den Wohnheimen meist auf engsten Raum, dies kann zu einem Verlust von Privatsphäre und Individualität führen (Thomas, Kretschmann, Lehmkuhl, 2006, S. 99). Für ungefähr 1 Millionen Menschen ist das Heim perspektivisch das einzige Zuhause ((BMAS 2013, S. 175), laut Julia Zinsmeister herrscht ein Mangel an alternativen Wohnformen und einer geeigneten Infrastruktur für Menschen mit Behinderung. Heimbewohner*innen können sich weder das Personal noch die Mitbewohner*in aussuchen, zudem leben viele Heimbewohner*innen gegen ihren

Wunsch in einer Einrichtung (Zinsmeister, 2017, S. 607). Zudem wird berichtet, dass Zimmer in Wohnheimen nicht abschließbar sind und Besucher*innen immer angemeldet werden müssen (Thomas, Kretschmann, Lehmkuhl, 2006, S. 155). All diese Faktoren erschweren das Ausleben von Sexualität und somit einer sexuellen Selbstbestimmung. Da sich die meisten Heimbewohner*innen ein Zimmer teilen, ist hier Rücksichtnahme geboten, die Tatsache, dass ein Zimmer nicht abschließbar ist, scheint ebenso die Intimsphäre einer Person zu verletzen. In einem Wohnheim für Menschen mit Behinderung werden alle Lebensbereiche vereint, Leben, Wohnen, Arbeiten sowie Freizeit, dies führt dazu, dass Menschen mit Behinderung von der Außenwelt abgegrenzt leben (Thomas, Kretschmann, Lehmkuhl, 2006, S. 98). Außerdem wird hinzugefügt, dass ein Leben in der Außenwelt nötig ist, um ein selbstbestimmtes Leben zu haben, wenn man ausschließlich in den Räumen der Institution lebt, könne man sich selbst nicht verwirklichen und eigenständig handeln (Thomas, Kretschmann, Lehmkuhl, 2006, S. 98). Aus dieser These lässt sich ziehen, dass auch eine sexuelle Selbstbestimmung, welche mit der Selbstbestimmung eines Menschen einhergeht durch das vorgeschriebene, institutionalisierte Leben ohne Privatsphäre in einem Wohnheim erschwert werden kann.

Inwiefern Menschen mit Behinderung in ihrer sexuellen Selbstbestimmung durch das, was eigentlich Unterstützung sein sollte behindert werden, wird im folgenden Absatz beschrieben. Das Leben von Menschen mit Behinderung ist in den meisten Fällen von Fremdbestimmung gezeichnet. Zinsmeister geht davon aus, dass die meisten Betreuer*innen ihre Aufgabe, stets im Sinne der Wünsche der Betreuten zu handeln verfehlen und die Betreuung zu einer kontrollierenden freiheitsbehindernden Handlung umschwenkt, Betreuer*innen sollen laut Gesetz nur dann eingreifen, wenn das Wohl der betreuten Person oder dritter in Gefahr ist (2013, S. 64-66).

> „Zur Freiheit eines Menschen gehört auch die Freiheit, sich selbstgefährdend oder selbstschädigend zu verhalten, z.B. sich ungesund zu ernähren, zu rauchen, sich zu tätowieren oder sich beim ungeschützten Geschlechtsverkehr mit einer Geschlechtskrankheit zu infizieren." (Zinsmeister, 2013, S. 65).

Folglich ist die Aufgabe von Betreuer*innen also lediglich Mensch mit Behinderung zu beraten, aufzuklären, mit Informationen zu versorgen, gefahren aufzuzeigen und zu begleiten. Frank Herrath geht davon aus, dass einige Betreuer*innen sowie Eltern in die sexuelle Selbstbestimmung eingreifen, aufgrund von Gefahrenabwehr. Seien es Schwangerschaften, sexuell übertragbare Krankheiten, sexuelle Gewalt oder auch enttäuschende Beziehungen. Laut Herrath erspare man sich durch diese übermäßigen Kontrollen sexuelle Risikos (2013, S. 24). Daraus folgt, dass Menschen mit Behinderung eine Barriere für ihre sexuelle Selbstbestimmung durch übermäßige Kontrolle und Aufsicht erfahren, zusätzlich erhalten sie oftmals keine oder nur eine sehr geringe Aufklärung was dazu führen kann, dass sie oftmals hilflos und unsicher im Umgang mit sexuellen Themen sind.

Anhand von Interviews werden nun Belege für die Unsicherheit und Kontrolle bei Menschen mit Behinderung angeführt, ein interviewter Bewohner eines Wohnheimes berichtet, dass seine Mutter stets bei Treffen mit seiner Partnerin mitkomme, was dazu führe, dass keine Sexualität ausgelebt werden könne, ein anderes Pärchen aus dem Wohnheim wisse nicht wie man mit Kondomen umgehe und wie sexuell übertragbare Krankheiten entstehen, eine andere Bewohnerin hingegen müsse seit Anfang der Periode die Pille nehmen ohne zu wissen wieso (Fegert, Lehmkuhl, Thomas, 2006, S. 17).

Diese Faktoren spiegeln aus der Sicht des sozialen Modells eine Beeinträchtigung der sexuellen Selbstbestimmung von Menschen mit Behinderung durch ungenügende Aufklärung, übermäßige Kontrolle und fehlende Informationen wider.

5. Fazit

Die Anwendung des sozialen- und medizinischen/individuellen Modells von Behinderung halfen dabei, die erschwerenden Faktoren der sexuellen Selbstbestimmung von Menschen mit Behinderung zu beleuchten und zu verstehen.

Aus dem Blickwinkel des medizinischen Modells wird die sexuelle Selbstbestimmung von Menschen mit Behinderung durch körperliche, geistige oder seelische Beeinträchtigungen erschwert.

Ich kam in meiner Arbeit zu dem Ergebnis, dass das medizinische Modell die Selbstwahrnehmung eines Menschen mit Behinderung als eine nicht normale, geschädigte Person verstärkt und somit die sexuelle Selbstbestimmung erschwert werden kann. Bestimmte Vorurteile und Annahmen gegenüber der Sexualität von Menschen mit Behinderungen können ebenso dazu führen, dass Bedürfnisse unterdrückt und ignoriert werden, was ebenso dazu führt, dass die sexuelle Selbstbestimmung gestört wird.

Aus der Sicht des sozialen Modells wurden besonders strukturelle Bedingungen, welche für die Behinderung von sexueller Selbstbestimmung verantwortlich sind, beschrieben. In meiner Arbeit ging ich auf die Konditionen in Wohnheimen ein, welche durch ihren institutionellen Charakter zu einem Verlust von Privats- und Intimsphäre führen, und somit die sexuelle Selbstbestimmung von Bewohner*innen erschweren. Außerdem wurde verdeutlicht, inwiefern Betreuer*innen und Verwandte von Menschen mit Behinderung durch Fremdbestimmung und übermäßige Kontrolle die sexuelle Selbstbestimmung beeinträchtigen können. Der letzte behindernde Faktor für sexuelle Selbstbestimmung ist ungenügende Aufklärung und das Vorenthalten von bestimmten Informationen.

Abschließend lässt sich sagen, dass es sowohl soziale und gesellschaftliche Faktoren- als auch individuelle/medizinische Faktoren gibt, welche die sexuelle Selbstbestimmung eines Menschen mit Behinderung einschränken können. Jedoch sollte man sich mit jenen Faktoren, welche durch soziale und gesellschaftliche Barrieren zustande kommen beschäftigen und Lösungen finden, um sie zu beseitigen, denn jeder Mensch hat das Recht auf Selbstbestimmung und somit auch auf sexuelle Selbstbestimmung.

Schlussfolgernd konnte ich meine Forschungsfrage „Wie lassen sich Hindernisse der sexuellen Selbstbestimmung von Menschen mit Behinderung anhand des medizinischen-und sozialen Modells von Behinderung darstellen?" in meiner Hausarbeit beantworten und einen Zusammenhang zwischen den beeinträchtigenden Faktoren der sexuellen Selbstbestimmung und dem medizinischen sowie dem sozialen Modell von Behinderung darstellen.

Da es sich bei dem Thema: „Sexualität bei Menschen mit Behinderung" um ein eher wenig erforschtes Thema handelt und es nach wie vor einige strukturelle Faktoren gibt, welche die sexuelle Selbstbestimmung von Menschen mit Behinderung einschränken, ist mein Forschungsproblem von Relevanz und auch weiterhin erforschbar.

6. Literaturverzeichnis

Beauftragte der Bundesregierung für die Belange von Menschen mit Behinderungen (2017). UN-Behindertenrechtskonvention. https://www.behindertenbeauftragte.de/SharedDocs/Publikationen/UN_Konvention_de utsch.pdf?__blob=publicationFile&v=2 (zuletzt aufgerufen am: 02.09.2021)

Brehme, D., Fuchs, P., Köbsell, S. & Wesselmann, C. (2020). Disability Studies im deutschsprachigen Raum: Zwischen Emanzipation und Vereinnahmung. Weinheim; Basel: Beltz Juventa.

Bundesministerium für Arbeit und Soziales. (2013). Teilhabebericht der Bundesregierung Über die Lebenslagen von Menschen mit Beeinträchtigungen. Teilhabe – Beeinträchtigungen – Behinderungen. Bonn: BMAS.

Bütow, B. (2012). Sexuelle Gewalt in der Heimerziehung. Ein Versuch, die pädagogische Kategorie des Vertrauens in die Analyse einzuführen - In: Zeitschrift für Pädagogik 58 6, S. 824-836

Clausen, J. & Herrath, F. (2013). Sexualität leben ohne Behinderung: Das Menschenrecht auf sexuelle Selbstbestimmung (1. Aufl.). Stuttgart: W. Kohlhammer GmbH.

Egen, C. (2020). Was ist Behinderung? : Abwertung und Ausgrenzung von Menschen mit Funktionseinschränkungen vom Mittelalter bis zur Postmoderne (Medical Humanities, Bd. 7) (1. Aufl.). Bielefeld: transcript Verlag.

Fegert, J. M., Jeschke, K., Thomas, H. & Lehmkuhl, U. (2006). Sexuelle Selbstbestimmung und sexuelle Gewalt: Ein Modellprojekt in Wohneinrichtungen für junge Menschen mit geistiger Behinderung (Reihe Votum) (1. Aufl.). Weinheim; Basel: Beltz Juventa.

Kastl, J. M. (2017). Einführung in die Soziologie der Behinderung (2., völlig überarb. u. erw. Aufl. 2017 Aufl.). Wiesbaden: Springer VS.

Scherr, A., El-Mafaalani, A. & Yüksel, G. (2017). Handbuch Diskriminierung (Springer Reference Sozialwissenschaften) (1. Aufl. 2017 Aufl.). Wiesbaden: Springer VS.

Statistisches Bundesamt. (2020). 7,9 Millionen schwerbehinderte Menschen leben in Deutschland.Pressemitteilung Nr. 230. Wiesbaden: Statistisches Bundesamt. https://www.destatis.de/DE/Presse/Pressemitteilungen/2020/06/PD20_230_227.html (zuletzt aufgerufen am 02.09.2021)

THE UNION OF THE PHYSICALLY IMPAIRED AGAINST SEGREGATION & THE DISABILITY ALLIANCE. (1997, Oktober). Fundamental Principles of Disability. https://disability-studies.leeds.ac.uk/wp-content/uploads/sites/40/library/UPIAS-fundamental-principles.pdf (zuletzt aufgerufen am: 02.09.2021)

UN- Behindertenrechtskonvention. (2013, 16. Juli). Die Behindertenrechtskonvention im historischen Kontext. https://www.behindertenrechtskonvention.info/die-behindertenrechtskonvention-im-historischen-kontext-3743/ (zuletzt aufgerufen am: 02.09.2021)

Waldschmidt, A. (2005). Disability Studies: individuelles, soziales und/oder kulturelles Modell von Behinderung? Psychologie und Gesellschaftskritik, 29(1), 9-31. https://nbn-resolving.org/urn:nbn:de:0168-ssoar-18770 (zuletzt aufgerufen am: 02.09.2021)

Waldschmidt, A. (2014). Macht der Differenz: Perspektiven der Disability Studies auf Diversität, Intersektionalität und soziale Ungleichheit. Soziale Probleme, 25(2), 173-193. https://nbn-resolving.org/urn:nbn:de:0168-ssoar-447968 (zuletzt aufgerufen am: 02.09.2021)

World Association for Sexual Health (WAS), (1999, August). Declaration of Sexual Rights

Zinsmeister, J. (2017). Diskriminierung von körperlich und geistig Beeinträchtigten. In Handbuch Diskriminierung (1. Aufl. 2017 Aufl., S. 593–614). Wiesbaden: Springer VS.